Frühling

Das Elefantenbuch 3

Schreiben und Rechtschreiben

Vereinfachte Ausgangsschrift

Schroedel

Das Elefantenbuch 3

Schreiben und Rechtschreiben

Vereinfachte Ausgangsschrift

von Jens Hinrichs
unter Mitarbeit von Magdalene Grüner-Troch, Elisabeth Habermehl, Christiane Müller, Dr. Heidrun Müller, Cornelia Schattke, Ute Senkowski
und wissenschaftlicher Beratung von Prof. Dr. Renate Valtin

Illustrationen: Sabine Kraushaar und Michael Schober

Umschlaggestaltung: Jürgen Kochinke unter Verwendung einer Illustration von Sabine Kraushaar

RECYCLING

Gedruckt auf umweltfreundlichem Recycling-Papier (100 % Altpapieranteile)

ISBN 3-507-41 237-3

Druck A [5 4] / Jahr 2001 2000

Alle Drucke der Serie A sind im Unterricht parallel verwendbar, da bis auf die Behebung von Druckfehlern untereinander unverändert.
Die letzte Zahl bezeichnet das Jahr des Druckes.

Herstellung: Benatzky *Druck & Medien*, Hannover

HASEIGELEULEHUNDENTEAFFEPFERDKATZEGANS

Im Wald

Der Elefant wandert mit der Maus.
Aber bald hat die Maus müde Beine.
Da lässt der Elefant seine Freundin reiten.
„Das macht Spaß!“, ruft sie.
„Nun erzähle mir eine Geschichte!“.

1 Kennzeichne die Lernwörter im Text.

2 Ergänze die Lernwörter, die auf den Karten fehlen.

3 Notiere andere schwere Wörter aus dem Text. Trage sie auch in die Lernwörter-Leiste ein.

4 Schreibe die Namenwörter aus dem Text mit Begleiter: *der Wald, …*

Namenwörter nennt man auch *Nomen, Substantive* oder *Hauptwörter*.

Begleiter nennt man auch *Artikel*.

Lernwörter

bald, erzählen, die Freundin, die Geschichte, er lässt, er wandert

5 Tausendfüßler-Satz mit Wörtern aus dem Text

Namenwörter schreibt man groß.

Am Satzanfang werden alle Wörter großgeschrieben.

D E R E L E F A N T H A T E I N E F R E U N D I N .

6 Schreibe den Text ab und füge einen Schluss hinzu.

Meine Lernwörter

Am Abend

Im Wald wird es dunkel.
Schon leuchtet der Mond am Himmel.
Die Maus und der Elefant sind müde.
Sie legen sich ins Gras.
Aber an einem Ast
turnen Affen
und machen Lärm.

1 Kennzeichne die Lernwörter im Text.

2 Schreibe die Namenwörter mit Begleiter.

MOND/ASTELEFANTGRASAFFEHIMMELWALDMAUSLÄRMABEND

der Mond,

3 Kreuzworträtsel mit Namenwörtern aus dem Text

1
2
3
4
5
6
7

Lernwörter

der Abend, dunkel, das Gras, der Lärm, er leuchtet, müde

4 Lösche die überflüssigen Buchstaben mit einem Bleistift und schreibe die Lernwörter.

adunkelkt | ileuchtetl | ormüdelia | Lärmlelis

5 Schreibe den Text ab und füge einen Schluss hinzu.

Meine Lernwörter

1 Welche Wörter fehlen in den Witzen? Suche sie in der Wörterliste und schreibe sie.

2 Schreibe die passenden Sätze in die Sprechblasen.

Der Elefant und die Maus gehen über eine Brücke.
„Wir sind aber l(12)!", ruft der Elefant.
„Klar", sagt die Maus, „ich habe h(29) m(16) schweren Stiefel a(11)."

Der Elefant und die Maus wollen schwimmen gehen.
Der Elefant ist traurig: „Ich habe meine Badehose v(3)."
„Das macht n(14)", sagt die Maus. „Ich gebe dir m(16)."

„Du hast es gut, kleine Maus", sagt der Elefant. „Du wirst nicht n(6)."
Die Maus antwortet: „Wenn es wieder R(11) gibt,
kannst du u(7) mir stehen."

Elefanten-Aufgaben

1 Sammle noch mehr Witze.
Du kannst schreiben, malen, ausschneiden und kleben.

2 Macht euch ein Witze-Buch für die Klasse.

Der kluge Vogel

Im Garten steht eine Flasche
mit etwas Wasser.
Da kommt ein Vogel.
Er will das Wasser trinken,
denn er hat Durst.
Aber sein Hals ist zu kurz.

1 Kennzeichne die Lernwörter im Text.

2 Suche die Namenwörter im Text und schreibe sie mit Begleiter.

3 Schreibe die Namenwörter in Einzahl und Mehrzahl (Flaschen, Gärten, Vögel).

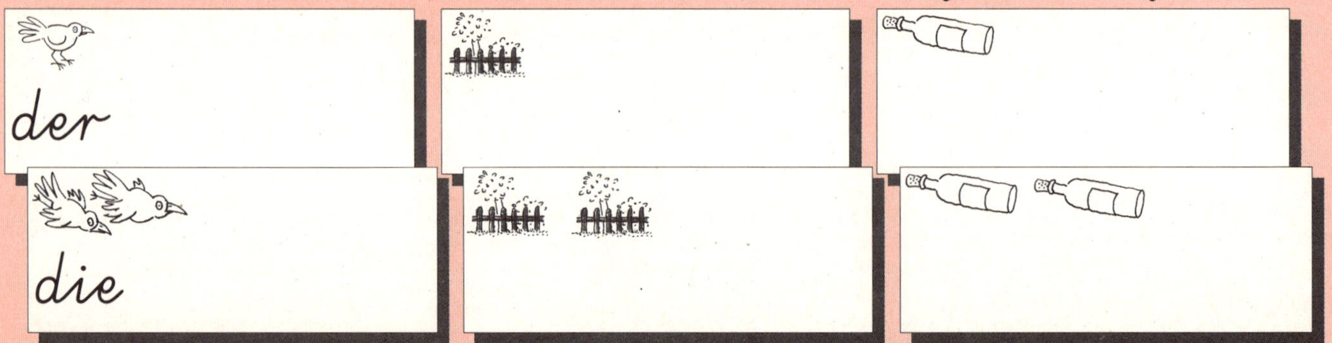

Wir machen uns auch solche Karten und spielen Memory.

4 Tausendfüßler-Sätze

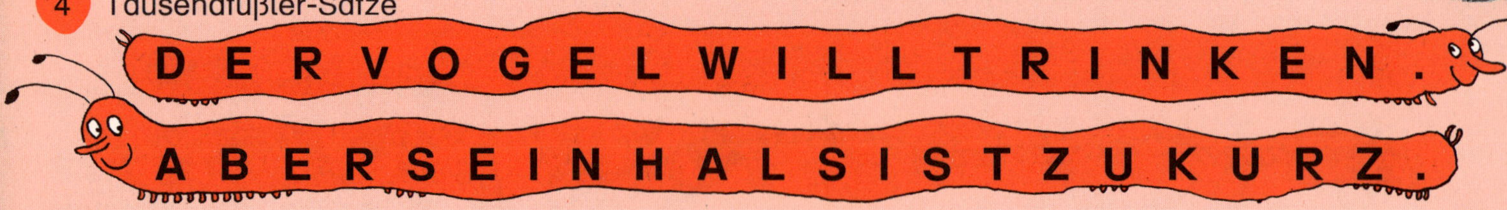

Lernwörter

der Durst, die Flasche, der Garten, kurz, der Vogel, das Wasser

5 Schreibe den Text ab und füge einen Schluss hinzu.

Ein Wort oder mehrere Wörter
- lesen und leise mitsprechen,
- abdecken,
- schwere Wörter mit dem Finger schreiben,
- aufdecken und noch einmal ansehen,
- aufschreiben,
- Wort für Wort vergleichen.

Meine Lernwörter

Liebe Eva,

heute hatte ich eine
lustige Hausaufgabe auf.
Darum schreibe ich dir diesen Brief.
Versuche einmal, die Aufgabe zu lösen:
Kannst du durch dieses Blatt Papier steigen?
Viel Spaß bei der Arbeit!
Dein Brieffreund Paul

1 Kennzeichne die Lernwörter im Text.

2 Bilde zusammengesetzte Namenwörter und schreibe sie mit Begleiter.

die Aufgabe
der Schlüssel
das Tier
die Arbeit

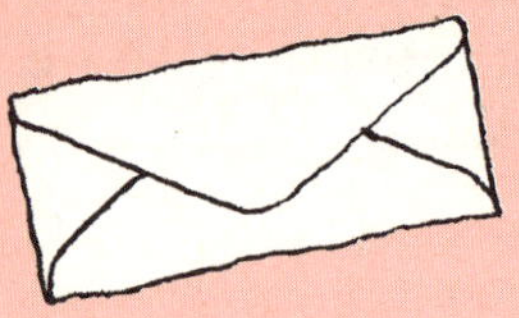

die Marke
der Kasten
das Papier
der Freund

die Hausaufgabe

die Briefmarke

3 Tausendfüßler-Sätze

IMBRIEFISTEINELUSTIGEAUFGABE.

STEIGEDURCHDIESESBLATTPAPIER.

EVAMACHTSICHANDIEARBEIT.

Lernwörter

die Arbeit, die Aufgabe, das Blatt, der Brief, das Papier

Eva schickt Paul eine Postkarte.

Kannst du durch diese Karte steigen?

....

4 Schreibe den Brief ab.

5 Hier kannst du Evas Antwort schreiben. Ihr könnt gemeinsam überlegen.

Meine Lernwörter

Die Lehrerin in der Hand

Blicke mit einem Auge
durch eine Rolle aus Papier.
Suche deine Lehrerin.
Wenn du sie siehst,
halte eine Hand neben die Rolle.
Nun siehst du deine Lehrerin
in deiner Hand.

1 Kennzeichne die Lernwörter im Text.

2 Schreibe jedes Namenwort aus dem Text einmal mit Begleiter.

3 Kennzeichne die Lernwörter und schreibe sie. Wie heißt das Lösungswort?

A U G E T S I E H S T R L E H R E R I N I R O L L E C H A N D K

4 Zusammengesetzte Namenwörter

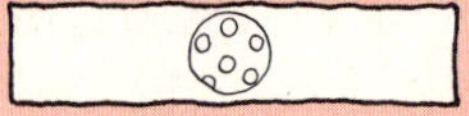

Tor
Platz
Spiel

das Federballspiel,

Lernwörter

das Auge, die Hand, die Lehrerin, die Rolle, du siehst

5 Welche zusammengesetzten Namenwörter kannst du hier bilden?

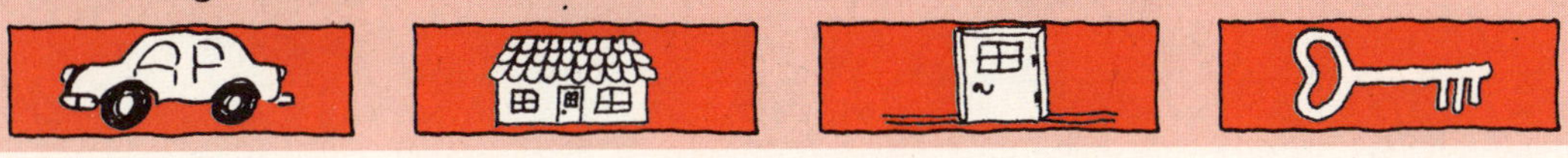

6 Schreibe den Text ab und füge einen Schluss hinzu.

Meine Lernwörter

1 Suche die fehlenden Namenwörter in der Wörterliste und schreibe sie in die Spielfelder.

2 Nun kannst du mit anderen spielen. Es werden zusammengesetzte Namenwörter gesucht.
- Würfeln und um die gewürfelte Zahl mit einem Setzstein vorrücken.
- Vom erreichten Namenwort auf ein anderes Namenwort vorrücken, mit dem sich ein zusammengesetztes Namenwort ergibt. (Wer kein passendes Namenwort findet, muss stehen bleiben.)

3 Schreibe einige zusammengesetzte Namenwörter mit Begleiter. Ihr könnt auch zu zweit arbeiten.

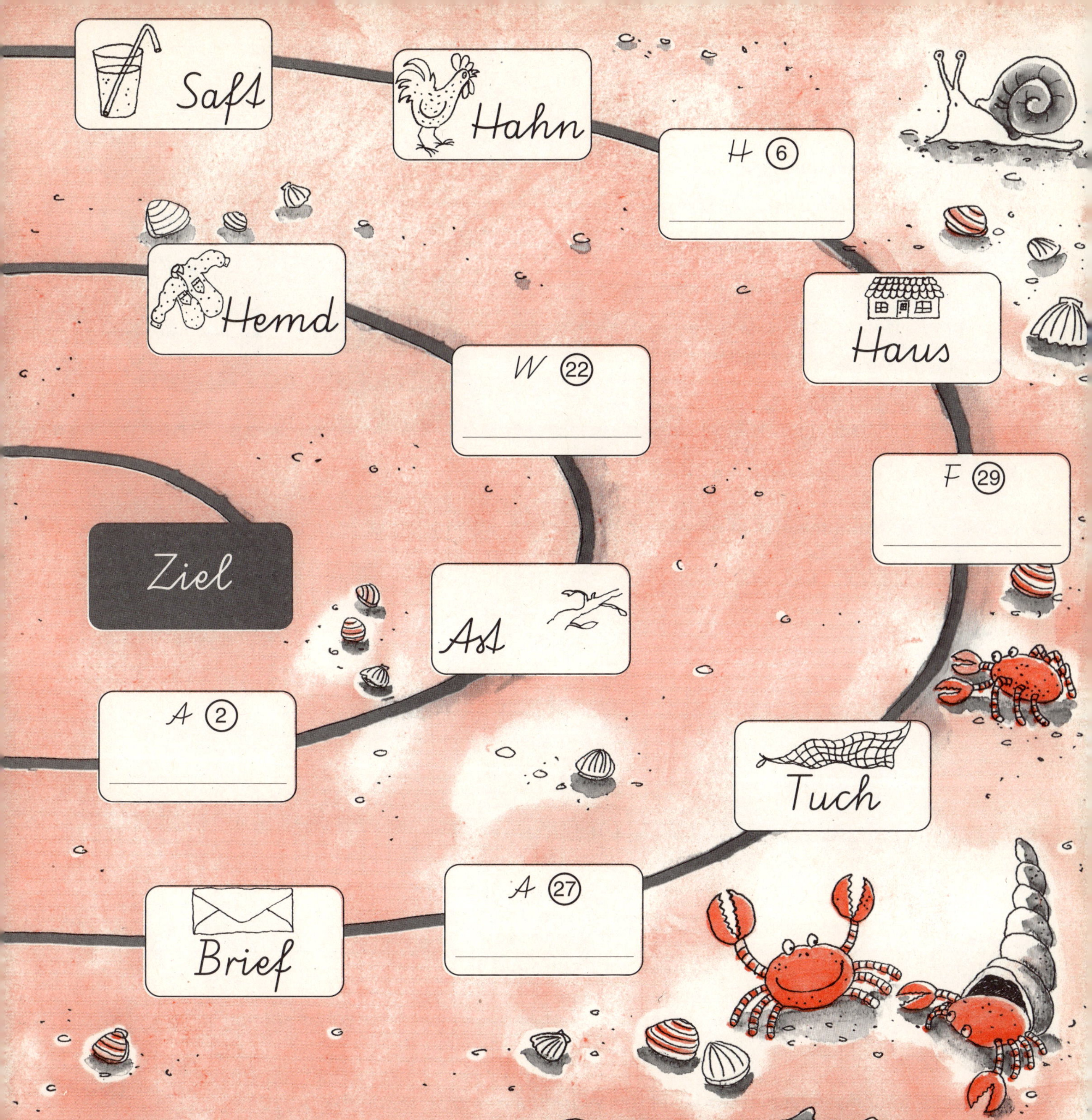

Elefanten-Aufgaben

1 Kennst du auch ein Experiment oder einen Trick? Schreibe oder male eine Anleitung und lass sie von anderen Kindern ausprobieren.

2 Schreibt je ein Namenwort auf ein Kärtchen. Ihr könnt mit den Karten Memory mit zusammengesetzten Namenwörtern spielen.

3 Du kannst den Spielplan bunt malen.

Das Lied vom Mond

Es wird Nacht im Wald.
Auf einem Ast sitzt
ein Affenvater mit seinem Kind.
Das Kind ruft: „Der Mond lacht!
Ich kann sein Gesicht sehen.
Vater, sing das Lied vom Mond!"
Da singt der Vater.
Der kleine Affe singt leise mit.

1 Kennzeichne die Lernwörter im Text.

2 Schreibe die Namenwörter in Einzahl und Mehrzahl. Kennzeichne d und t.

	Einzahl	Mehrzahl	
	das Lied	Lie_er	die
		Kin_er	
		Äs_e	
		Mon_e	
		Gesich_er	
		Wäl_er	
		Näch_e	

Wenn du die Namenwörter in der Mehrzahl sprichst,
kannst du d oder t hören.

3 Suche die fehlenden Namenwörter in der Wörterliste und schreibe die Sätze.

Es wird N(2) im W(4).
Der V(1) singt das L(32) vom M(27).

Lernwörter

der Ast, das Gesicht, das Kind, das Lied, der Mond, die Nacht

4 Suche die Namenwörter in der Wörterliste und schreibe sie. Kennzeichne d und 1.

R (1) das

R (2) die

B (13)

B (14)

H (11)

H (12)

5 Schreibe den Text ab und füge einen Schluss hinzu.

Meine Lernwörter

Geburtstag

Der kleine Affe hat Geburtstag.
Da feiern die Affen ein Fest.
Aus dem ganzen Wald
machen sich die Freunde auf den Weg.
Alle bringen ein Geschenk mit.
Sie feiern bis zum Abend.

1 Kennzeichne die Lernwörter im Text.

2 Schreibe die Namenwörter in Einzahl und Mehrzahl mit Begleiter. Kennzeichne d und t.

	der Wald	Wäl_er	die
	der A	Aben_e	
	das	Fes_e	
	der	Freun_e	

3 Schreibe die Namenwörter in Einzahl und Mehrzahl mit Begleiter. Kennzeichne g und k.

We_ We_e	der Weg, die
Geschen_ Geschen_e	
Geburtsta_ Geburtsta_e	

In der Mehrzahl kannst du g oder k hören.

4 Schreibe den Satz. Kennzeichne g und k.

Zum Geburtsta_ machen sich alle Freunde mit einem Geschen_ auf den We_.

Lernwörter

das Fest, der Geburtstag, das Geschenk, der Wald, der Weg

5 Lernwörter

□e□ □e□□ □□l□ □□sch□□□ □□b□□□□t□□

6 Schreibe den Text ab und füge einen Schluss hinzu.

Meine Lernwörter

Der Affe und der Wind

Der kleine Affe denkt:
„Ich will fliegen
wie mein Freund, der Vogel."
Er nimmt Federn in jede Hand.
„Nun trägt mich der Wind
hoch in die Luft", sagt er.
Dann springt er vom Ast.

1 Kennzeichne die Lernwörter im Text.

2 Schreibe die Sätze.
Schreibe die Tuwörter auch in der Grundform (Wörterliste). Kennzeichne g und k.

Der den_t.	Der Affe denkt.	den_en	denken
Der sprin_t.		sprin_en	
Der trä_t.		tra_en	
Der den_t.		den_en	
Der flie_t.		flie_en	

3 Bilde Sätze und schreibe sie auf.

Der

fliegt	vom Ast.
singt	in die Luft.
springt	wie ein Vogel.

Lernwörter

er denkt, fliegen, er sagt, er springt

4 Schreibe die Tuwörter und die Sätze. Kennzeichne *g* und *k*.

f (31)	Der f_____.
s (85)	Der s_____.
t (29)	Der t_____.

5 Schreibe den Text ab und füge einen Schluss hinzu.

Meine Lernwörter

1 Hier kannst du verschiedene Geschichten lesen. Schreibe eine Geschichte auf.
Du kannst mit mehreren Kindern zusammenarbeiten. Zum Beispiel diktiert jeder einen Satz.

2 Schreibe das Wort *Mond*. Tausche dann die angegebenen Buchstaben.

3 Löse das Kreuzworträtsel. Wie heißt der Lösungssatz?

Elefanten-Aufgaben

1 Denke dir ein Tierrätsel aus.
Beschreibe ein Urwaldtier, ohne seinen Namen zu nennen. Lass die anderen Kinder raten.

2 Suche im Tierlexikon nach interessanten Informationen über Urwaldtiere.

3 Schreibe eine Geschichte von deinem Lieblingstier.

Wer steht vor der Tür?

Lisa passt auf ihren kleinen Bruder auf.
Sie spielt und singt mit ihm.
Das macht großen Spaß.
Bald schläft Marek ein.
Nun wird Lisa die Zeit lang.
Sie hört die Kinder auf der Straße.
Da klingelt es.

1 Kennzeichne die Lernwörter im Text.

2 Schreibe die Tuwörter. Schreibe auch die Grundform und kennzeichne den Wortstamm.

sie singt	sie singt, singen
er schläft	
sie hört	

3 Schreibe die Tuwörter. steh en e st t spiel en e st t

wir wir
ich ich
du du
er er

4 Tuwörter bilden mal ruf sag e st t

ich male, ich
du
er

Lernwörter

der Bruder, ihm, lang, es klingelt, sie singt, er steht

5 Setze die Lernwörter ein.

Lisa spielt mit ihrem kleinen ______ .
Sie ______ mit ______ .
Bald wird ihr die Zeit ______ .
Da ______ es . Wer ______ vor der Tür ?

6 Schreibe den Text ab und füge einen Schluss hinzu.

Meine Lernwörter

Verkleiden

Die Kinder finden einen Koffer
mit alten Sachen .
„Wir verkleiden uns !“, ruft Lisa .
Alle wollen mitmachen .
Jeder darf sich etwas aussuchen .
David fragt :
„Was soll ich nur anziehen ?“

1 Kennzeichne die Lernwörter im Text.

2 Schreibe die Lernwörter.
Kennzeichne die Vorsilben *an* , *aus* , *mit* , *ver* .

3 Suche die Tuwörter in der Wörterliste und verbinde sie mit den Vorsilben *ver* und *an* .

ver		an	
l 7		f 1	
l 9		f 10	
l 16		f 12	
l 22		f 26	
l 29		f 37	

4 Setze die Lernwörter ein.

Die Kinder wollen sich ________ .
Paul will auch ________ .
Er muss sich noch etwas ________ .
Er möchte sich als Indianer ________ .

Lernwörter

anziehen , mitmachen , aussuchen , verkleiden

5 Verbinde die Vorsilben *aus* und *be* mit den Tuwörtern *kleiden*, *ziehen*, *sehen*.

6 Schreibe den Text ab und füge einen Schluss hinzu.

Meine Lernwörter

Auf dem Spielplatz

Die Kinder spielen mit Kisten und Brettern.
„Ich weiß ein tolles Spiel", sagt Lisa.
„Wir bauen ein Flugzeug und fliegen damit los."
Alle wollen mitspielen.
„Festhalten!", ruft Maria. „Der Flug beginnt."
Da kommt David angelaufen.
„Halt!", ruft er. „Ich will auch mitfliegen."

1 Kennzeichne die Lernwörter im Text.

2 Suche im Text passende Wörter zu den beiden Wortfamilien.

spielen	fliegen

3 Bilde zusammengesetzte Tuwörter.

spielen		fliegen	
a 1		a 1	
e 4		a 11	
v 23		h 33	
z 20		l 37	

4 Bilde zusammengesetzte Namenwörter. Suche weitere Wörter zu den beiden Wortfamilien.

SPIEL	KARTE	
	ZEUG	
FLUG	PLATZ	
	PLAN	

Lernwörter

er beginnt, der Flug, das Flugzeug, das Spiel, der Spielplatz

David steigt in das Flugzeug.

Maria sagt:

„Wir haben keinen Platz mehr."

....

5 Tausendfüßler-Satz

A L L E W O L L E N M I T F L I E G E N .

6 Schreibe den Text ab und füge einen Schluss hinzu.

Meine Lernwörter

1 Schreibe die Wörter, die du findest, zu den passenden Wortfamilien.

Wortfamilie

fliegen

Wortfamilie

fahren

Wortfamilie

laufen

Wortfamilie

rollen

Elefanten-Aufgaben

1 Schreibe viele Wörter
zu der Wortfamilie *kaufen* oder *sehen*.
Du kannst auch ein Wörterbuch benutzen.

2 Schreibe eine Geschichte
über ein Erlebnis mit deinem Rad.

In der Schaukel

Julia schaukelt und schaukelt.
Aber sie kommt nicht hoch.
Da bittet sie Tina:
„Steig ein und hilf mir!
Allein ist es zu schwer."
„Schade", sagt Tina.
„Ich habe kein Geld mehr."

1 Kennzeichne die Lernwörter im Text.

2 Schreibe die Lernwörter geordnet.

Namenwörter
Nomen · Substantive · Hauptwörter

Tuwörter
Verben · Tunwörter · Zeitwörter

Wiewörter
Adjektive · Eigenschaftswörter

3 Hier fehlen die Selbstlaute *a, e, i, o, u.*

J□l□□	**T□n□**	**G□ld**	**b□tt□t**
s□gt	**schw□r**	**h□lf**	**h□ch**

4 Schreibe die Wörter und kennzeichne die Selbstlaute.

Hörst du die langen und kurzen Selbstlaute?

Ja, wenn ich die Wortpaare spreche: *aber — allein* ...

aber	**schwer**	**mir**	**hoch**	**zu**
allein	**Geld**	**ist**	**kommt**	**und**

Lernwörter

sie bittet, das Geld, hoch, sie kommt, die Schaukel, schwer

Wörterliste Name: ____________________

A a

1. ab
2. Abend, der
3. aber
4. Affe, der
5. alle
6. alles
7. allein
8. als
9. alt
10. am
11. an
12. Angst, die
13. antworten
14. antwortet
15. Apfel, der
16. Äpfel
17. Arbeit, die
18. ärgern
19. ärgert
20. Arm, der
21. Arzt, der
22. Ärzte
23. Ast, der
24. Äste
25. auch
26. auf
27. Aufgabe, die
28. Auge, das
29. aus
30. aussuchen
31. Auto, das

B b

1. Bach, der
2. Bäche
3. backen
4. backt
5. Bad, das
6. Bäder
7. baden
8. badet
9. Bahn, die
10. bald
11. Ball, der
12. Bälle
13. Bart, der
14. Bärte
15. Bauch, der
16. Bäuche
17. bauen
18. baut
19. Baum, der
20. Bäume
21. beginnen
22. beginnt
23. bei
24. beide
25. Bein, das
26. beißen
27. beißt
28. bekommen
29. bekommt
30. bellen
31. bellt
32. besuchen
33. besucht
34. Bett, das
35. bezahlen
36. bezahlt
37. Bild, das
38. bin
39. bist
40. bis
41. bitte
42. bitten
43. bittet
44. Blatt, das
45. Blätter
46. blau
47. bleiben
48. bleibt
49. blicken
50. blickt
51. bloß
52. Blume, die
53. böse
54. brauchen
55. braucht
56. Brett, das
57. Brief, der
58. bringen
59. bringt
60. Brot, das
61. Brücke, die
62. Bruder, der
63. Buch, das
64. Büro, das
65. Bus, der
66. Butter, die

C c

1. Computer, der

D d

1. da
2. Dach, das
3. Dächer
4. damit
5. danken
6. dankt
7. dann
8. darum
9. das
10. dass
11. dein
12. deine
13. dem
14. den
15. denken
16. denkt
17. denn
18. der
19. dich
20. dick
21. die
22. Dienstag, der
23. diese
24. dieses
25. dir
26. doch
27. Donnerstag, der
28. Dose, die
29. draußen
30. drei
31. du
32. dunkel
33. dünn
34. durch
35. dürfen
36. darf
37. Durst, der

E e

1. Ei, das
2. Eier
3. Eierkuchen, der
4. ein
5. eine
6. einem
7. einen
8. einer
9. einkaufen
10. einmal
11. eins
12. Eis, das
13. Elefant, der
14. Eltern, die
15. endlich
16. eng
17. Ente, die
18. er
19. erste
20. erzählen
21. erzählt
22. es
23. essen
24. isst
25. etwas
26. euch
27. euer
28. Eule, die

F f

1. fahren
2. fährt
3. Fahrer, der
4. Fahrerin, die
5. Fahrrad, das
6. Fahrt, die
7. Fahrzeug, das
8. fallen
9. fällt
10. fangen
11. fängt
12. fassen
13. fasst
14. Feder, die
15. fehlen
16. fehlt
17. feiern
18. feiert
19. fein
20. Fell, das
21. Fenster, das
22. fest
23. Fest, das
24. Fett, das
25. Feuer, das
26. finden

27 findet
28 Fisch, der
29 Flasche, die
30 Fliege, die
31 fliegen
32 fliegt
33 fließen
34 fließt
35 Flug, der
36 Flugzeug, das
37 fragen
38 fragt
39 Frau, die
40 Freitag, der
41 fressen
42 frisst
43 Freude, die
44 freuen
45 freut
46 Freund, der
47 Freundin, die
48 frisch
49 froh
50 für
51 Fuß, der
52 Futter, das
53 füttern
54 füttert

G g

1 Gabel, die
2 Gans, die
3 ganz
4 Garten, der
5 Gärten
6 geben
7 gibt
8 Geburtstag, der
9 gehen
10 geht
11 Geist, der
12 Geisterbahn
13 gelb
14 Geld, das
15 Gemüse, das
16 genug
17 gern
18 Geschenk, das
19 Geschichte, die
20 Gesicht, das
21 gestern
22 gewinnen
23 gewinnt
24 Glück, das
25 glücklich
26 Gras, das
27 Gräser
28 groß
29 grüßen
30 grüßt
31 gucken
32 guckt
33 gut

H h

1 Haar, das
2 haben
3 hat
4 Hahn, der
5 Hähne
6 Hals, der
7 Hälse
8 halt
9 halten
10 hält
11 Hand, die
12 Hände
13 hängen
14 hängt
15 Hase, der
16 Haus, das
17 Häuser
18 Heft, das
19 heiß
20 heißen
21 heißt
22 helfen
23 hilft
24 hell
25 Hemd, das
26 her
27 herein
28 Herz, das
29 heute
30 hier
31 Hilfe, die
32 Himmel, der
33 hin
34 hinter
35 hinterher
36 hinunter
37 hoch
38 holen
39 holt
40 hören
41 hört
42 Hose, die
43 Hund, der
44 hüpfen
45 hüpft
46 Hut, der

I i

1 ich
2 Igel, der
3 ihm
4 ihn
5 ihr
6 ihre
7 im
8 immer
9 in
10 Indianer, der
11 ins
12 ist

J j

1 ja
2 Jacke, die
3 jede
4 jeder
5 jung
6 jünger
7 Junge, der

K k

1 kalt
2 kälter
3 Karte, die
4 Kasse, die
5 Kasten, der
6 Katze, die
7 kaufen
8 kauft
9 kein
10 keine
11 kennen
12 kennt
13 Kind, das
14 Kinder
15 Kiste, die
16 klar
17 Klasse, die
18 kleiden
19 kleidet
20 klein
21 kleine
22 klettern
23 klettert
24 klingeln
25 klingelt
26 klopfen
27 klopft
28 klug
29 kochen
30 kocht
31 Koffer, der
32 kommen
33 kommt
34 können
35 kann
36 Kopf, der
37 Korb, der
38 krank
39 Küche, die
40 Kuchen, der
41 kurz
42 Kuss, der

L l

1 lachen
2 lacht
3 lang
4 länger
5 lange
6 Lärm, der
7 lassen
8 lässt
9 laufen
10 läuft
11 Läufer, der
12 laut
13 lecken
14 leckt
15 lecker
16 legen
17 legt
18 Lehrer, der
19 Lehrerin, die
20 leise
21 Leiter, die
22 lesen
23 liest
24 leuchten
25 leuchtet

26 Leute, die
27 lieb
28 Liebe, die
29 lieben
30 liebt
31 Liebling, der
32 Lied, das
33 liegen
34 liegt
35 Loch, das
36 Löffel, der
37 los
38 lösen
39 löst
40 Luft, die
41 Lust, die
42 lustig

M m

1 machen
2 macht
3 Mädchen, das
4 malen
5 malt
6 Mama, die
7 manchmal
8 Mann, der
9 Männer
10 Marke, die
11 Maus, die
12 Mäuse
13 Mehl, das
14 mehr
15 mein
16 meine
17 meinen
18 meint
19 mich
20 Milch, die
21 mir
22 mit
23 Mittwoch, der
24 mögen
25 mag
26 möchte
27 Mond, der
28 Monster, das
29 Montag, der
30 morgen
31 müde
32 Müll, der
33 Mund, der
34 müssen
35 muss
36 Mutter, die

N n

1 nach
2 Nacht, die
3 Nächte
4 Name, der
5 Nase, die
6 nass
7 neben
8 nehmen
9 nimmt
10 nein
11 Nest, das
12 neu
13 nicht
14 nichts
15 nie
16 noch
17 nun
18 nur

O o

1 ob
2 oben
3 oder
4 offen
5 oft
6 ohne
7 Ohr, das
8 Oma, die
9 Opa, der

P p

1 packen
2 packt
3 Papa, der
4 Papier, das
5 passen
6 passt
7 Pferd, das
8 Pilz, der
9 Plan, der
10 Pläne
11 Platz, der
12 Plätze
13 plötzlich
14 Post, die
15 Puppe, die

Q q

1 Qualle, die

R r

1 Rad, das
2 Räder
3 Radio, das
4 raten
5 rät
6 ratlos
7 Raum, der
8 Räume
9 reden
10 redet
11 Regen, der
12 reiten
13 reitet
14 rennen
15 rennt
16 richtig
17 Rolle, die
18 rollen
19 rollt
20 Roller, der
21 rot
22 rufen
23 ruft
24 Ruhe, die

S s

1 Sache, die
2 Saft, der
3 Säfte
4 sagen
5 sagt
6 Salat, der
7 Samstag, der
8 satt
9 schade
10 scharf
11 schauen
12 schaut
13 Schaukel, die
14 schaukeln
15 schaukelt
16 scheinen
17 scheint
18 schenken
19 schenkt
20 schicken
21 schickt
22 schießen
23 schießt
24 Schiff, das
25 schimpfen
26 schimpft
27 schlafen
28 schläft
29 schlagen
30 schlägt
31 schlau
32 schlecht
33 schließen
34 schließt
35 Schlüssel, der
36 schmecken
37 schmeckt
38 Schnee, der
39 schneiden
40 schneidet
41 schnell
42 schon
43 schön
44 Schoß, der
45 schreiben
46 schreibt
47 schreien
48 schreit
49 Schuh, der
50 Schule, die
51 schütteln
52 schüttelt
53 schwarz
54 schwer
55 Schwester, die
56 schwimmen
57 schwimmt
58 sehen
59 sieht
60 sehr
61 sein
62 seine
63 seit
64 sich
65 sie
66 sind
67 singen
68 singt
69 sitzen

70 sitzt
71 so
72 sofort
73 sollen
74 soll
75 Sommer, der
76 Sonnabend, der
77 Sonne, die
78 Sonntag, der
79 Spaß, der
80 spät
81 Spiel, das
82 spielen
83 spielt
84 Spielplatz, der
85 springen
86 springt
87 stark
88 Stau, der
89 stehen
90 steht
91 steigen
92 steigt
93 steil
94 Stein, der
95 Stiefel, der
96 still
97 Straße, die
98 streicheln
99 steichelt
100 Stück, das
101 Stunde, die
102 suchen
103 sucht
104 Suppe, die
105 süß

T t

1 Tag, der
2 tanzen
3 tanzt
4 Tasche, die
5 Tasse, die
6 tauchen
7 taucht
8 Telefon, das
9 tief
10 Tier, das
11 Tisch, der
12 toll
13 Tonne, die
14 Topf, der
15 Tor, das
16 tragen
17 trägt
18 Traum, der
19 Träume
20 träumen
21 träumt
22 traurig
23 treffen
24 trifft
25 trennen
26 trennt
27 Treppe, die
28 Trick, der
29 trinken
30 trinkt
31 Tuch, das
32 Tür, die
33 turnen
34 turnt

U u

1 über
2 Uhr, die
3 um
4 und
5 uns
6 unser
7 unter

V v

1 Vater, der
2 Väter
3 vergessen
4 vergisst
5 Verkäufer, der
6 Verkäuferin, die
7 verkleiden
8 verkleidet
9 verletzen
10 verletzt
11 verrühren
12 verrührt
13 versuchen
14 versucht
15 viel
16 viele
17 vielleicht
18 vier
19 Vogel, der
20 voll
21 vom
22 von
23 vor

W w

1 wachen
2 wacht
3 Wagen, der
4 Wald, der
5 Wälder
6 Wand, die
7 Wände
8 wandern
9 wandert
10 Wanne, die
11 war
12 warm
13 wärmer
14 warten
15 wartet
16 warum
17 was
18 waschen
19 wäscht
20 Wasser, das
21 weg
22 Weg, der
23 weich
24 weil
25 weinen
26 weint
27 weiß
28 weit
29 Welle, die
30 wenn
31 wer
32 werden
33 wird
34 werfen
35 wirft
36 wie
37 wieder
38 Wiese, die
39 wild
40 Wind, der
41 winken
42 winkt
43 Winter, der
44 wir
45 wissen
46 weiß
47 wo
48 woher
49 Wohnung, die
50 Wolke, die
51 wollen
52 will
53 Wort, das
54 wundern
55 wundert
56 wünschen
57 wünscht
58 Wurst, die

X x

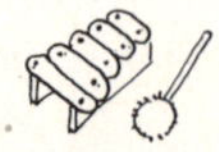

1 Xylophon, das

Y y

1 Yak, der

Z z

1 Zahl, die
2 zahlen
3 zahlt
4 zählen
5 zählt
6 Zahn, der
7 Zähne
8 zeigen
9 zeigt
10 Zeit, die
11 zerreißen
12 zerreißt
13 Zeug, das
14 ziehen
15 zieht
16 Ziel, das
17 Zimmer, das
18 Zitrone, die
19 Zoo, der
20 zu
21 Zucker, der
22 Zug, der
23 zum
24 zur
25 zurück
26 zwei
27 zwischen

5 Schreibe die Wörter.

Sch k l au e	s ie
sch d a e	sch e w r

6 Schreibe den Text ab und füge einen Schluss hinzu.

Meine Lernwörter

Ohne mich!

Um drei Uhr trifft sich Julia
mit ihren Freunden vor der Geisterbahn.
Sie freut sich sehr auf die Fahrt.
Julia ruft: „Los, wir steigen ein!"
„Fahren alle mit?", fragt Omar.
„In diese Bahn steige ich nicht",
sagt Daniel.

1 Kennzeichne die Lernwörter im Text.

2 Schreibe die Wörter und kennzeichne *ah*, *eh*, *ih*, *oh* und *Uh*.

In manchen Wörtern wird der lange Selbstlaut durch das Längezeichen *h* gekennzeichnet.

3 Schreibe in die Sprechblasen, was die Kinder sagen.

4 Setze die fehlenden Satzzeichen ein. Vergleiche dann genau mit dem Text.

Julia ruft Los wir steigen ein
Fahren alle mit fragt Omar
In diese Bahn steige ich nicht
sagt Daniel

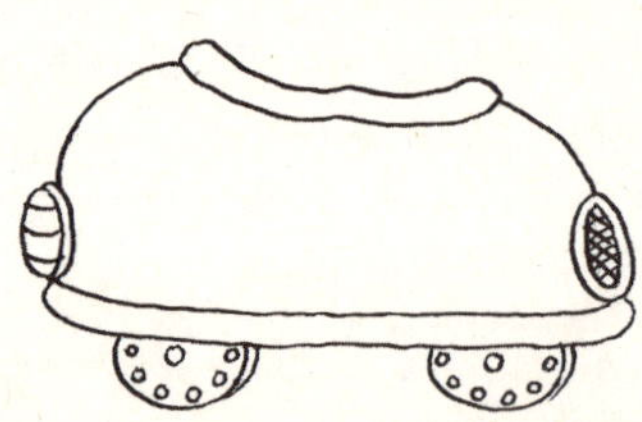

Lernwörter

die Bahn, fahren, sie steigen ein, sie trifft, die Uhr

5 Versteckte Tuwörter

kinatriffto | jufreutling | eusteigenha | klibofahrenz | schofragtfin

6 Schreibe den Text ab und füge einen Schluss hinzu.

Meine Lernwörter

Haltet euch fest!

Der Wagen fährt steil nach oben.
„Wie hoch wir sind!", ruft Julia.
Plötzlich geht es wieder tief hinunter.
Julias Haare fliegen im Wind.
Julias Herz klopft. Sie hat Angst.
Julia schließt die Augen.
Endlich sind sie am Ziel.

1 Kennzeichne die Lernwörter im Text.

2 Schreibe die Lernwörter geordnet.

Namenwörter
Nomen · Substantive · Hauptwörter

Tuwörter
Verben · Tunwörter · Zeitwörter

Wiewörter
Adjektive · Eigenschaftswörter

3 Schreibe alle Textwörter mit *ie*.

4 Setze passende Wörter aus Aufgabe 3 ein.

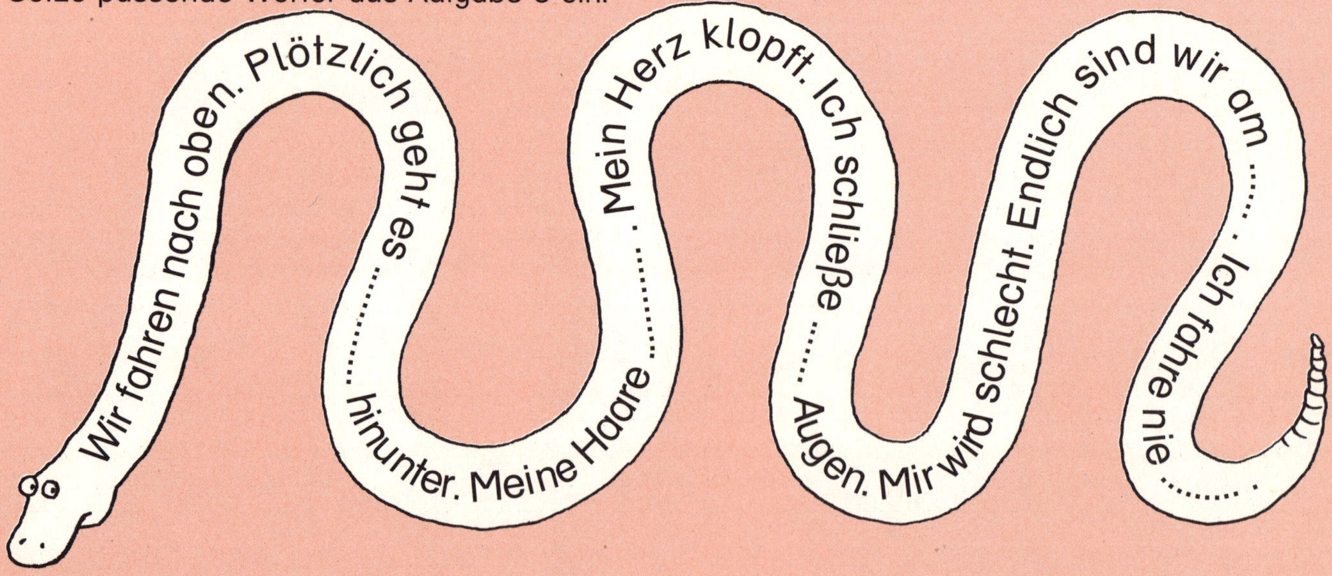

Lernwörter

die Angst, die Haare, es klopft, sie schließt, steil, tief, das Ziel

5 Reimwörter

nie	Ziel	tief	fliegen	schließt
d__	v__	Br__	l____	fl____

6 Schreibe den Text ab und füge einen Schluss hinzu.

Meine Lernwörter

1 Hier ergeben sich verschiedene Geschichten. Schreibe eine auf.
Zu zweit macht es noch mehr Spaß.

Wortfamilie *kaufen*

Wortfamilie *zahlen*

Wortfamilie *fahren*

Wortfamilie *lieben*

Elefanten-Aufgaben

1 Male ein Bild von deinem Lieblingskarussell.

2 Schreibe eine Geschichte vom Jahrmarkt.
(Wie heißt der Jahrmarkt bei euch?)

3 Male, erzähle oder schreibe:
„Was mir auf dem Jahrmarkt
besonders Spaß macht“ oder „Wovor ich Angst habe“

In der Küche

„Ich wasche schnell alles ab", sagt Felix.
„Du kannst den Müll wegbringen."
„Immer muss ich das machen", schimpft Anna.
„Wer hat vergessen den Müll zu trennen?"
„Ich war das nicht!", ruft Felix.
„Und woher kommt die Milchflasche?",
fragt Anna.

1 Kennzeichne die Lernwörter im Text.

Vor dem doppelten Mitlaut spreche ich den Selbstlaut kurz.

2 Textwörter mit doppeltem Mitlaut

ll

mm

nn

ss

3 Reimwörter

schnell	**tr**ennen	**m**uss	immer
h___	k_____	K____	Z______

Der doppelte Mitlaut im Wortstamm bleibt erhalten.

4 Schreibe die Tuwörter und unterstreiche die Endungen.

komm | en | e | st | t   trenn | en | e | st | t

wir	wir
ich	ich
du	du
er	er

Lernwörter

du kannst, der Müll, ich muss, trennen, vergessen

5 Tausendfüßler-Satz

ICHMUSSDENMÜLLWEGBRINGEN.

6 Schreibe den Text ab und füge einen Schluss hinzu.

Meine Lernwörter

Vergessen ?

Die Kinder kommen nach Hause.
Schon auf der Treppe können sie ihren Vogel hören.
„Schnell!“, sagt Anna.
„Hansi muss Futter und frisches Wasser haben.“
Aber Felix kann den Schlüssel nicht finden.
„Wo habe ich ihn denn gelassen?“, fragt er.
„Ob ich ihn in der Klasse vergessen habe?“

1 Kennzeichne die Lernwörter im Text.

2 In diesen Textwörtern fehlt ll, mm, nn, pp, ss oder tt.

de___ Fu__er ko___en schne___ Tre___e verge___en

3 Reimen mit Namenwörtern aus dem Text

Kl T K — Klasse, T

F M B

4 Schreibe die Wörter von Aufgabe 3 nach Silben getrennt.

Klas - se,

5 Silbenrätsel mit Textwörtern

Fut Klas kom kön Schlüs Trep Was

men nen pe se sel ser ter

Lernwörter

hören, können, die Klasse, die Treppe, der Schlüssel

6 Reimwörter

S → T

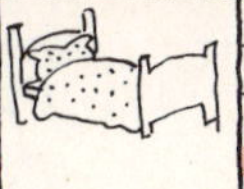

B → F

P → S

7 Schreibe den Text ab und füge einen Schluss hinzu. Kontrolliere mit einem Partner.

Meine Lernwörter

Eierkuchen

Felix will Eierkuchen backen.
Er nimmt Mehl, Milch und Zucker.
Anna sagt: „Das sieht lecker aus."
Aber nach dem ersten Stück sagt sie:
„Der Eierkuchen schmeckt nicht!
Der ist zu fest und zu dick."
Felix blickt Anna ratlos an.

1 Kennzeichne die Lernwörter im Text.

2 Textwörter mit ck

ba__en bli__en di__ le__er schme__t Stü__ Zu__er

3 Silbenrätsel mit Wörtern aus dem Text

ba	bli	le	schme	Zu

cken	cken	cken	cker	cker

4 Reimen mit Tuwörtern

backen	backen	blicken		l___	
p___		sch___		w___	

5 Schreibe die Tuwörter von Aufgabe 4 nach Silben getrennt.

ba - cken,

Lernwörter

backen, er blickt, dick, es schmeckt, das Stück, der Zucker

6 Schreibe den Tausendfüßler-Satz. Die überzähligen Buchstaben ergeben ein Wort.

F E L I X E I W I L L E E I E R K U C H E N R B A C K E N .

7 Schreibe den Text ab und füge den richtigen Schluss hinzu.

Meine Lernwörter

1 Die Kinder sagen, was sie zubereiten wollen. Aber die Mützen und Schürzen sind vertauscht. Suche dir ein Rezept aus und schreibe es richtig auf.

das Wasser – eine Zitrone – als Eis – dein Wort – alt – eine Briefmarke – auf volle

2 Schreibe die Antworten zu den Scherzfragen in die Sprechblasen.

Elefanten-Aufgaben

1 Schreibe ein ABC mit Speisen und Getränken:
Apfel, Brot, Cola …

2 Lege dir ein Rezeptbuch an.

3 Sammle mehr Scherzfragen.

Das kleine Monster

Die Mäuse fragen das kleine Monster:
„Warum bist du traurig?"
„Weil ich so klein bin", antwortet das Monster.
„Richtige Monster haben große Köpfe,
dicke Hälse und lange Bärte.
Sie haben große Hände und Füße.
Und ihre Bäuche sind dick."

1 Kennzeichne die Lernwörter im Text.

2 Schreibe die Namenwörter neben die Bilder.

Mehrzahl

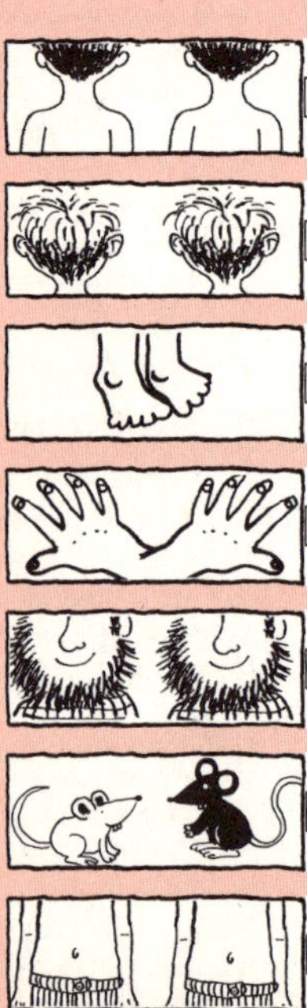

die Hälse

Einzahl

3 Bilde Sätze.

große Monster | nie | sind | manchmal | kleine Monster | immer | traurig | dick

Lernwörter

die Bäuche, die Hälse, die Köpfe, das Monster, traurig

4 Namenwörter in Einzahl und Mehrzahl

Aus a, o, u, au
wird oft ä, ö, ü, äu.

B (11)	Ball, Bälle	W (58)	
T (14)		M (11)	

5 Schreibe den Text ab und füge einen Schluss hinzu.

Meine Lernwörter

Die Katze

Die Katze wartet vor dem Haus.
Sie will die Maus fangen.
Die Maus sagt: „Ich rufe das Monster.
Es ist größer und stärker als du.
Es ist auch älter und klüger.
Und seine Zähne sind schärfer als deine.“
Die Katze lacht: „Monster gibt es nicht.“

1 Kennzeichne die Lernwörter im Text.

2 Schreibe die Wiewörter aus dem Text. Schreibe sie auch so, wie sie in der Wörterliste stehen.

gr öß er	größer, groß	kl g ü er	
st r er ä k		sch r er ä f	
ä t l er		ö er gr ß	

3 Schreibe die Wiewörter. Kennzeichne die Selbstlaute und Umlaute.

kalt, kälter

4 Trage Wiewörter aus den Aufgaben 2 und 3 ein.

Die Maus ist ______________ als der Elefant.
Die Katze ist ______________ als das Monster.
Meine Oma ist ______________ als meine Mutter.
Ein Tag ist ______________ als eine Stunde.
Im Sommer ist es ______________ als im Winter.
Meine Zähne sind ______________ als Brot.

Lernwörter

größer, klüger, schärfer, stärker, sie wartet, die Zähne

5 Suche die Wörter in der Wörterliste und schreibe den Satz.

Ich	b 38	v 15	______	als	mein	F 46.

6 Schreibe den Text ab und füge einen Schluss hinzu.

Meine Lernwörter

Das Monster hilft

Die Maus fragt: „Schläft die Katze?"
Das kleine Monster antwortet:
„Sie läuft um dein Haus.
Hüpf auf meinen Arm.
Dann fängt sie dich nicht."
Das Monster hält die Maus fest,
trägt sie weg und winkt der Katze zu.

1 Kennzeichne die Lernwörter im Text.

2 Schreibe die Tuwörter aus dem Text. Schreibe sie auch in der Grundform.

läuft, laufen

3 Hier sind die Tuwörter vertauscht. Schreibe Sätze oder lass dir diktieren.

Die Maus | schlägt | ins Haus.
Die Katze | wäscht | ein Blatt.
Das Monster | fängt | das Gesicht.
Das Monster | träumt | ein Rad.
Die Maus | läuft | von der Katze.

Lernwörter

sie fängt, es hält, sie läuft, sie schläft

4 Schreibe die Tuwörter. Kennzeichne *a* und *ä*.

f (1) (2)

h (9) (10)

l (7) (8)

r (4) (5)

5 Schreibe den Text ab und füge einen Schluss hinzu.

Meine Lernwörter

Das Monster
sch ______
auf der Wiese.

Die Maus
ä ______
die Katze.

Die Maus
l ______
in ihr Haus.

Das Monster
t ______
von der Maus

Die Katze
f ______
in den Bach.

Die Katze
f ______
nur ein Blatt.

Das Monster
t ______
die Katze.

1 Schreibe die Tuwörter so: *fallen, fällt*. Unterstreiche die Umlaute *ä* und *äu*.

2 Trage in die Sätze auf den Spielfeldern die Tuwörter ein. Zu jedem Satz gehört ein Bild.

f ll a en	fallen, fällt	w sch a en	
h l a t e n		er äh z l e n	
t a e n r g		ä r g n e r	
ah r f en		sch l a f en	
au e n l f		tr äu en m	
an g f e n		h än g e n	

Die Katze
h____________
an einem Ast .

Das Monster
h____________
die Katze fest .

Die Maus
f____________
uf dem Blatt .

Die Katze
w____________
sich das Gesicht .

Das Monster
e____________
seinen Traum .

3 Du kannst allein oder mit anderen ein Würfelspiel spielen:
- Wer auf ein Bild kommt, muss zum passenden Satz rücken.
- Wer auf einen Satz kommt, rückt zum passenden Bild.

Elefanten-Aufgaben

1  Male oder schreibe, was die Maus von der Katze träumt.

2 Schreibe auf, was du einmal geträumt hast.

3 Denke dir allein oder mit anderen eine Geschichte mit dem Monster und der Maus aus.

Flocki

Laura spielt mit ihrem Hund.
Sie schießt einen Ball weg
und Flocki holt ihn zurück.
Das macht dem Hund großen Spaß.
Plötzlich rollt der Ball auf die Straße.
Sofort rennt Flocki hinterher.
Aber Laura ruft: „Flocki, bei Fuß!"

1 Kennzeichne die Lernwörter im Text.

2 Schreibe die Wörter und unterstreiche ß.

Vor dem ß spreche ich den Selbstlaut lang.

3 Tuwörter aus dem Text

holtmachtrenntrolltruftschießtspielt

4 Schreibe die Sätze richtig auf.

Der Ball rollt	mit dem Hund.
Laura spielt	großen Spaß.
Der Hund hat	einen Ball weg.
Laura schießt	auf die Straße.

Lernwörter

der Fuß, plötzlich, sie schießt, der Spaß, die Straße, zurück

5 Versteckte Lernwörter

eplötzlichi nozurückle rischießtdo Spaßbroms

6 Schreibe den Text ab und füge einen Schluss hinzu.

Meine Lernwörter

Eine kleine Katze

Florian findet draußen auf der Straße
eine kleine Katze.
Sie hat ein schwarzes Fell.
Nur ihre Füße sind weiß.
„Ach, bist du süß", sagt Florian.
„Wie heißt du denn?"
Die Katze schaut ihn bloß an.

1 Kennzeichne die Lernwörter im Text.

2 Versteckte Lernwörter

tudraußeno	bimsüßbam	kluheißtwu	pimbloßlam	wiwaweißwo

3 Reimwörter

weiß	bloß	heißen	schießen
h___	gr___	b___	schl___

4 Schreibe zu den Bildern Sätze. In jedem Satz ist ein Wiewort mit ß enthalten.

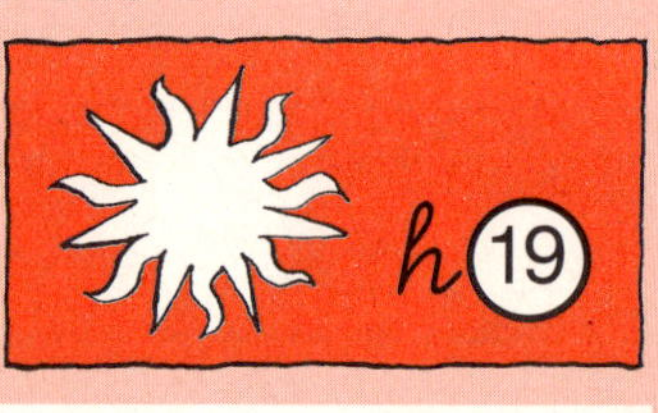

Der Schneemann ist

Lernwörter

bloß, draußen, sie heißt, sie schaut, süß, weiß

5 Namenwörter und Tuwörter mit *ße* und *ßen*

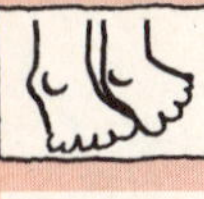 *Fü*

 *Stra*

 *bei*

 *grü*

6 Schreibe den Text ab und füge einen Schluss hinzu.

Meine Lernwörter

1 Hier kannst du verschiedene Sätze bilden und aufschreiben.
Du kannst allein oder mit anderen würfeln.

Rätsel

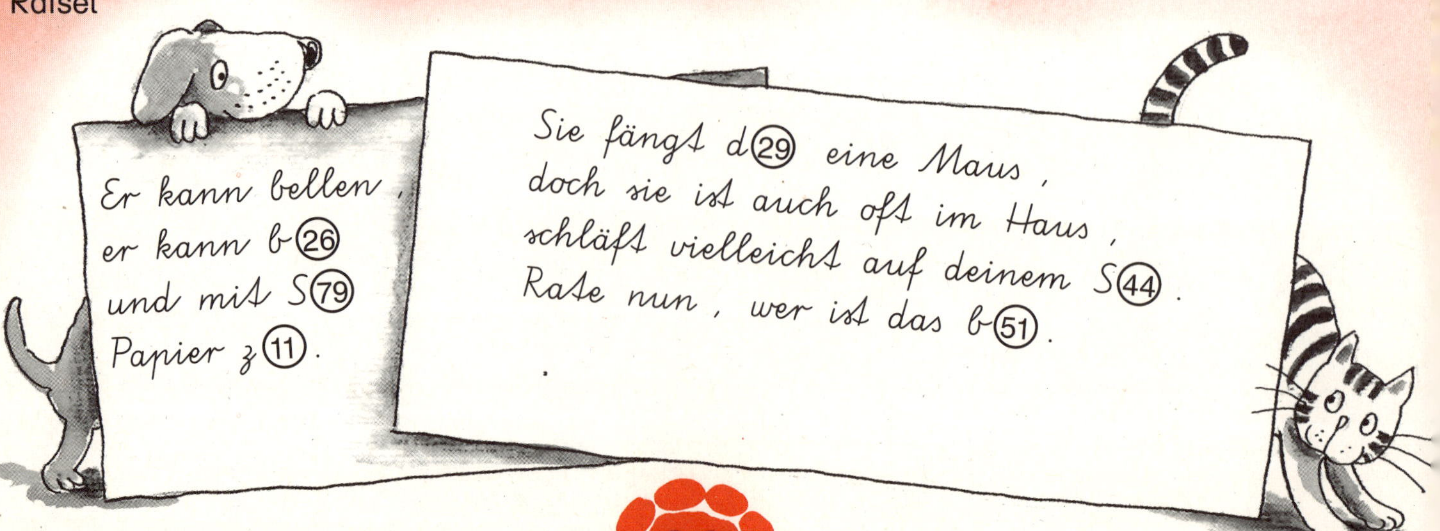

2 Hier kannst du verschiedene Texte bilden und aufschreiben.
Auch zu zweit oder in der Gruppe macht das Spaß.

Elefanten-Aufgaben

1 Schreibe kleine Rätsel auf.
Du kannst allein oder mit anderen ein Rätselbuch machen.

2 Wie viele Wörter mit ß stehen in den Geschichten dieses Elefantenbuches?

Inhaltsübersicht

Zur Konzeption

Das Elefantenbuch 3 fördert die schriftsprachlichen Kompetenzen:

- Rechtschreiben (Beherrschung grundlegender orthographischer Regelungen und wichtiger Arbeitstechniken) und
- Schreiben (Arbeiten im Textzusammenhang, Anbahnung des selbstständigen freien Schreibens).

Rechtschreibschwerpunkte
Das Elefantenbuch 3 enthält acht Einheiten, die nach stufengerechten Rechtschreibschwerpunkten gegliedert sind. Darüber hinaus gewinnt das Kind Einsichten in die Grammatik.

Rechtschreibung in Textzusammenhängen
Ausgangspunkt der Rechtschreibarbeit sind anregende Texte, die an den Interessen und dem Erfahrungsbereich der Kinder orientiert sind. Die Bereitschaft zum schriftsprachlichen Handeln wird dadurch gefördert. Die Texte sind offen; Auswahlangebote regen zu mündlicher und schriftlicher Weitergestaltung an. Darüber hinaus wird das selbstständige freie Schreiben angebahnt.

Grundwortschatz
Texte und Übungen basieren auf einem begrenzten Grundwortschatz. Im handelnden Umgang mit dem Grundwortschatz werden Einsichten in die Rechtschreibung gewonnen und Regelungen erarbeitet.

Wörterliste
Die separate Wörterliste enthält alle im *Elefantenbuch 3* verwendeten Wörter. Sie dient der Kontrolle und dem Nachschlagen. Auf der Innenseite des hinteren Einbandes befinden sich Anregungen für selbstständiges Üben mit der Wörterliste.

Lernwörter
Einige Textwörter werden jeweils besonders geübt und in den Lernwörter-Leisten herausgestellt. Die Kinder können weitere Wörter auswählen und als eigene Lernwörter eintragen. Auf der Innenseite des vorderen Einbandes befinden sich Vorschläge für das selbstständige Üben der Lernwörter.

Arbeitstechniken
Die Kinder lernen grundlegende Arbeitstechniken kennen: Einrichten und Gebrauch einer Wörterkartei („Wörterschachtel"), Abschreiben, Selbstkontrolle, Partner- und Gruppendiktat, Arbeit mit der Wörterliste u.v.m.

Selbstständiges Arbeiten
Die Aufgaben sind so angelegt, dass die Kinder selbstständig und nach eigenem Lerntempo arbeiten. Viele Aufgaben können zu zweit oder in kleinen Gruppen bearbeitet werden. Die „Elefanten-Aufgaben" bieten zusätzliche Möglichkeiten für individuelles Arbeiten. Darüber hinaus gestattet die Übungskartei zum *Elefantenbuch 3* (Best.-Nr. 41239) eine weitreichende Differenzierung des Unterrichts.